RAPPORT

SUR UNE

RÉVOLUTION INCONNUE

PARIS. — IMPRIMERIE BALITOUT, QUESTROY ET COMP.
7, rue Baillif, et rue de Valois, 18.

RAPPORT

SUR UNE

RÉVOLUTION INCONNUE

PAR

M. RENUCCI

Capitaine en retraite

MAI 1872

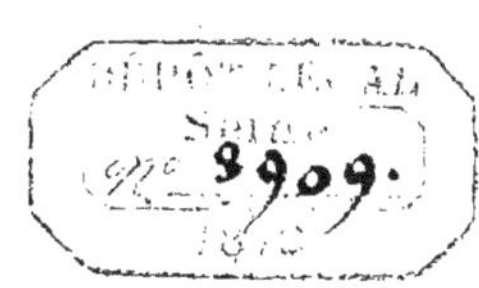

PARIS

E. DENTU, LIBRAIRE-ÉDITEUR

PALAIS-ROYAL, 17 ET 19, GALERIE D'ORLÉANS

1872

Une grande révolution, une révolution immense comme celle qu'opéra le souffle du Christ, est aujourd'hui irrévocablement accomplie dans l'humanité. Les organes de la civilisation actuelle — gouvernants, prêtres, philosophes, savants, journalistes, — ne s'en doutent pas encore!

Je considère une révolution comme irrévocablement accomplie quand les faits et les doctrines qui la constituent sont dans le domaine public, et qu'il n'est plus donné à aucune puissance de les nier, de les supprimer ou de les altérer.

La révolution dont je veux parler porte le nom aussi bien connu que bafoué de *spiritisme*. Le spiritisme est un de ces événements providentiels qu'on appelle *révélations*, et qui arrivent à des moments suprêmes pour communiquer une nouvelle sève à la vie d'une humanité.

Les révélations ne sont ni un enseignement direct ni un acte personnel de Dieu; elles sont l'œuvre d'agents plus ou moins élevés de la Providence divine, providence qui vivifie et régit par de tels moyens tout l'univers. Toute révélation est donc d'une valeur relative, quant à son contenu et quant à sa portée. Ainsi entendues, les révélations cessent de révolter la raison, en faisant voyager Dieu sur la terre, et de révolter le sens moral, en lui attribuant des œuvres d'une évidente imperfection.

LA SITUATION

Pour comprendre la signification, la portée et la nécessité de l'acte providentiel qui s'appelle *spiritisme,* il faut avant tout se faire une idée exacte de l'état de la civilisation actuelle, au point de vue de la situation religieuse, philosophique et scientifique. Je fais donc précéder l'examen du spiritisme d'un tableau sommaire de cette situation.

SITUATION RELIGIEUSE.

La civilisation actuelle est née de la sève morale du Christ; c'est ce grand supplicié qui l'a engendrée de son souffle et en a arrosé les racines de son sang (l'humanité a persécuté ou mis à mort presque tous ses binfaiteurs).

Par quelle étrange contradiction cette même civilisation, après avoir été nourrie et élevée par la religion chrétienne, en est-elle arrivée aujourd'hui à rejeter avec mépris ses dogmes, ses sacrements et son culte, et à lui être hostile jusqu'à la violence?

Le catholicisme est la branche-mère du christianisme. Quel spectacle présente-t-il en ce moment? Le Pape est dépouillé d'une façon ouverte et violente du reste de ses États, le lendemain même où un concile proclame son infaillibilité, et c'est par un roi catholique, sous la pression d'un peuple catholique et en face du monde catholique ! Il proteste contre l'iniquité, il réclame le secours des gouvernements et des fidèles en faveur de son droit. Protestations et réclamations inutiles ! Malgré les efforts que font le clergé et toutes les milices catholiques pour stimuler les fidèles et les gouvernements, aucun secours ne lui est donné, et le fait reste accompli ! Le concile grandit le pape, le monde catholique l'abaisse et l'humilie ! Quel contraste significatif !

Une formidable insurrection populaire éclate à Paris, capitale d'un pays catholique et le plus grand centre de la civilisation ; le peuple est un moment au pouvoir ; contre qui a-t-il montré le plus de haine ? Contre la religion et contre le clergé ; c'est le clergé catholique qui a fourni les plus grandes victimes dans l'assassinat des otages.

La religion chrétienne n'a plus l'empire des âmes et ne gouverne plus les consciences, c'est incontestable. Le monde a perdu la foi. L'athéisme et le matérialisme, engendrés et propagés par la philosophie et par la science, pénètrent aujourd'hui profondément dans les masses, et une foule de gens qui répugnent à l'athéisme et au matérialisme, qui même soumettent les principaux actes de leur vie aux consécrations religieuses, sont au fond d'un scepticisme et d'une indifférence qui ne valent guère mieux.

En somme, l'effluve morale du Christ, assez puissante pour se développer malgré les obstacles qu'elle a rencontrés, assez féconde pour produire la plus grande civilisation de l'humanité, vient, pour ainsi dire, s'évanouir et mourir, après dix-neuf siècles, dans un flot purulent de sentiments grossiers, et d'avidités matérielles qui s'élève de cette même civilisation. Le Christ a prêché le détachement des biens de la terre et a recommandé les trésors du ciel, et les peuples qui ont grandi sous sa propre religion, ne voient plus que le ciel astronomique, nient Dieu et se vouent, de toute leur âme, au culte de la ploutocratie.

Ce résultat, affirme la voix infaillible du Vatican, est dû à la nature perverse de l'esprit humain. Je crois, en effet, que l'esprit humain — l'esprit humain des sacerdoces y compris — est d'assez mauvaise nature pour faire tourner et corrompre à son contact jusqu'à l'esprit divin.

SITUATION PHILOSOPHIQUE.

Pour le but que je poursuis, je n'ai à m'engager dans aucune controverse philosophique, je n'ai qu'à constater purement et simplement les conclusions auxquelles est arrivé l'esprit humain après plus de deux mille ans de recherches, au sujet de l'existence de Dieu et au sujet de l'existence et de l'immortalité de l'âme.

De tous les systèmes métaphysiques qui, de Pythagore à Hegel remplissent l'histoire de la philosophie, aucun n'est aujourd'hui debout. De plus, Kant, dans la *Critique de la Raison pure*, a invinciblement prouvé que l'esprit humain est radicalement impropre à affirmer ou à nier légitimement quoi que ce soit touchant l'existence et la nature de Dieu, touchant l'existence et l'immortalité de l'âme. Il a cru pouvoir affirmer Dieu, l'âme et son immortalité dans la *Critique de la Raison pratique*, mais il a été convaincu d'inconséquence, et l'*École critique* née de ses doctrines, qui est aujourd'hui prépondérante, s'en tient à l'arrêt porté dans la *Critique de la Raison pure* et le déclare définitif et sans appel. Dès lors cette conclusion : La philosophie, après plus de deux mille ans de travail et de recherches, est arrivée à savoir scientifiquement que l'esprit humain ne sait rien et ne peut rien savoir sur Dieu, sur l'âme et son immortalité.

La critique philosophique et la science ont, d'un autre côté, ruiné de fond en comble l'édifice chrétien, en prouvant par l'astronomie et la géologie que sa genèse n'est qu'une fable, et en démontrant l'absurdité d'une révélation anthropomorphique au point de faire voyager Dieu sur la terre, de le faire parler et agir comme un homme impuissant dans ses œuvres, incomplet et obscur dans son langage.

La situation actuelle du spiritualisme est appréciée en ces termes par M. Paul Janet dans son livre intitulé : *La Crise philosophique :*

« En un mot, il est inutile de le cacher, l'école spiritualiste a subi depuis dix ou quinze ans un échec des plus graves. Elle n'est plus la maîtresse de l'opinion : de toutes parts des objections, des critiques, des imputations justes ou injustes, mais très accréditées, s'élèvent contre elle; elle subit enfin une crise redoutable. Après tout, s'il ne s'agissait que d'une école, on pourrait s'en consoler : nulle école n'est éternelle ni absolument nécessaire, mais il y a ici plus qu'une école, il y a une idée, l'idée spiritualiste. C'est cette idée dont les destinées sont aujourd'hui menacées par le flot le plus formidable qu'elle ait essuyé depuis l'Encyclopédie, et qui emporterait avec elle, selon nous, si elle devait succomber, la liberté et la dignité de l'esprit humain.

» Dans une crise aussi sérieuse, le spiritualisme ne s'est pas abandonné lui-même, et il est entré dans une phase nouvelle, que j'appellerai la phase de la polémique. Sans doute, la polémique n'est pas absente des deux phases précédentes, surtout de la première; mais elle n'en est pas le caractère dominant, et elle y est d'ailleurs plutôt agressive que défensive : c'est le contraire aujourd'hui. Le spiritualisme n'est pas en voie de faire des conquêtes, mais il défend ses positions avec vigueur, et par une polémique vigilante, éclairée et perçante, il jette le trouble dans les ouvrages assez fragiles jusqu'ici de ses adversaires. Il porte à son tour la guerre en pays ennemi, et fait aux théories adverses les plus sérieuses blessures. Le moment approche où ces théories auront perdu l'un de leurs principaux charmes, la nouveauté. Quelques symptômes de lassitude se font déjà sentir. L'heure est opportune pour exposer nos raisons et renvoyer nos contradictions à nos contradicteurs. »

M. Caro, dans son livre intitulé : *L'idée de Dieu* entreprend la défense du spiritualisme. Son argumentation est forte et victorieuse contre les partiés dogmatiques des doctrines de M. Renan, de M. Taine et de M. Vacherot; mais quel nouvel argument produit-il en faveur du dogmatisme spiritualiste ruiné par la critique de toutes les écoles contraires? Je n'en vois aucun. Suffit-il de renverser les maisons des autres pour relever sa propre maison? Le champ de la philosophie sera couvert de ruines, voilà tout!

En résumé la civilisation actuelle est caractérisée par une décadence philosophique et par une décadence religieuse des plus profondes.

SITUATION SCIENTIFIQUE

A l'opposé de la philosophie, qui se trouve pauvre comme Job après avoir remué son champ dans tous les sens et à toutes les profondeurs, la science possède un riche domaine qu'elle cultive d'après ses méthodes particulières et où elle réalise chaque jour de grands progrès, — sauf dans l'ordre politique et dans l'ordre social où il n'y a que stérilité. — Mais elle ne se contente plus de son propre domaine, elle entend envahir celui de la philosohie et créer —après avoir extirpé toute racine métaphysique, bien entendu — une nouvelle philosophie, sous le nom de *Philosophie positive* ou *de Positivisme*. C'est simplement le Positivisme que je me propose de faire connaître ici, et je crois devoir le faire d'une manière assez étendue et avec pièces à l'appui. Si je ne me trompe, le Positivisme, l'Internationale et la Commune ne sont au fond qu'une seule et même chose, et le Positivisme se sert de la classe ouvrière, comme d'une armée, pour élever le système social d'Auguste Comte sur les ruines de la société actuelle. Si je me trompais dans cette appréciation, je fais d'avance toute rétractation.

Il y a d'abord lieu de distinguer deux Positivismes, un Positivisme orthodoxe et un Positivisme schismatique. Le Positivisme schismatique se borne à faire de la philosophie à un point de vue particulier. Le Positivisme orthodoxe fait moins de philosophie, et poursuit l'application des doctrines politiques et religieuses d'Auguste Comte. La petite brochure ci-après, que je transcris en entier, sans en omettre une ligne, et où les orthodoxes repoussent M. Littré aussi violemment que l'a repoussé Mgr Dupanloup, fait bien connaître le caractère de ces deux Positivismes :

M. LITTRÉ ET LE POSITIVISME

« Voilà un dogme, voilà un régime, voilà un culte qu'il s'agit de développer, de propager, de prouver, d'éclaircir !

» . . . . . Parmi les ouvriers, qui ne manqueront pas, heureux ceux à qui il sera donné de signaler leurs noms et de mériter une reconnaissance pareille à celle que méritèrent les glorieux fondateurs du christianisme ! »

(*Conservation, Révolution et Positivisme*, par É. Littré, 1852.)

« Cette note a pour but de mettre terme à une mystification qui se prolonge au-delà du possible.

» Ce sont les gens de lettres qui ont fait cette situation singulière, par la façon dont ils ont placé leur confrère, M. Littré, en face du Positivisme.

» Du vivant d'Auguste Comte déjà, quand le rédacteur du *National*, membre de l'Institut, semblait professer la doctrine (l'a-t-il jamais fait sincèrement ?), ses collègues, en Sorbonne et dans le journalisme, trouvaient que c'était « un rare bonheur » que de compter un pareil adhérent, auquel on n'avait à reprocher que « de s'être fait disciple, lorsqu'il pouvait être maître. »

» Bonheur médiocre et de courte durée, car, en 1857, le jour de la mort d'Auguste Comte, M. Littré proclamait sa rupture ; ce qui n'empêchait point la presse de le déclarer seul héritier de celui qu'il venait attaquer et renier si audacieusement.

» Ainsi fut édifiée sa renommée de philosophe.

» Mais, absolument incapable de soutenir un rôle autant au-dessus de ses forces qu'en dehors de ses dispositions, il fut bien obligé de se conformer à sa nature, qui ne l'avait fait ni chef d'École, ni homme d'État et de soigner ses intérêts ; c'est pourquoi il ne cessa, dès ce moment de s'enfoncer dans la négation du Positivisme et dans la détraction de son fondateur. Il remonta bien au-delà...

» Or la presse, cent fois avertie et toujours sourde à la vérité, veut continuer sa tactique.

» Elle impute aujourd'hui à la doctrine les derniers revirements de son protégé et prétend l'intéresser à la rétrogradation de celui qu'elle a si inconsidérément exalté.

» Cela n'est plus possible.

» Que ceux, donc, qui ont fait ce grand homme le gardent à leur compte! Nous ne pouvons nous en charger. Nous l'avons depuis longtemps reconnu, écarté ; il n'est pas des nôtres. Qu'il continue à vendre en volumes ce qu'il attaque en feuilletons et à trahir le Positivisme dans une revue soi-disant positive, les disciples d'Auguste Comte n'ont avec lui aucune solidarité.

» Les pièces ci-jointes, en attendant une histoire plus complète, justifieront assez leur dire.

I

A Monsieur le Directeur du *Radical*.

« Paris, le 24 novembre 1871.

» Monsieur,

» Permettez à un de vos lecteurs de rectifier une erreur (sans doute typographique) qui s'est glissée dans votre numéro du 23 courant.

» M. S. Lacroix, en combattant, à juste titre et victorieusement, selon moi, les raisons fournies par M. Littré en faveur du renouvellement partiel de l'Assemblée, qualifie son adversaire de fondateur de la *Philosophie positive*.

» Or, M. Littré n'a point fait cette doctrine, qui a été constituée par Auguste Comte seul, de 1830 à 1842, comme ses livres en font foi ; et, de plus, M. Littré, après avoir quelque temps adopté le Positivisme dans ses principes et dans ses conséquences politiques, sociales et religieuses, l'a successivement abandonné et renié sous tous ses aspects :

en 1863, dans un livre intitulé : *Auguste Comte et la Philosophie positive*, et dans les brochures et articles de journaux qu'il a publiés depuis.

» Enfin, il a autant rompu avec l'homme qu'avec le système, dans un procès tristement célèbre, intenté à la mémoire d'Auguste Comte, treize années après sa mort, et auquel il s'est mêlé avec une passion que je n'ai point à qualifier ici.

» Voici, du reste, en quels termes M. Littré, dans une circonstance qui caractérise singulièrement sa démarche, a fait connaître sa répudiation définitive :

« Versailles, 31 mars 1871.

» A Monsieur le Rédacteur en chef de *Paris-Journal*.

» Monsieur le Rédacteur,

» Quand j'étais disciple particulier de M. Comte, j'ai écrit, en effet, dans les années 1849-1850, sous son inspiration directe et presque sous sa dictée, les passages qué vous rapportez (1). Ils tiennent à un ensemble de doctrines dont je me suis depuis longtemps séparé. Cette séparation, je l'ai publiquement consignée dans mon livre sur la vie d'Auguste Comte et dans un numéro de la Revue *la Philosophie positive*. Je le rappelle, non pour écarter de moi le reproche de les avoir écrits (il est juste que j'en porte la peine, et, dans les rétractions auxquelles je me réfère, je n'ai pas manqué de reconnaître cette justice), mais pour déclarer que, depuis bien des années, je ne les écrirais plus.

» Agréez, etc.

» É. Littré,

» Député de la Seine. »

Il n'est donc pas plus permis, d'après une déclaration aussi formelle, même aux personnes les moins renseignées, de présenter encore

(1) Il s'agit d'extraits du livre de M. Littré, intitulé : *Conservation, Révolution et Positivisme*, publié à Paris en 1852.

E. L.

M. Littré comme tenant à quelque degré que ce soit au Positivisme, que de lui attribuer la fondation de la philosophie positive.

» C'est ce que je tenais à constater ici, par justice pour cette doctrine, qui est en contradition absolue avec les agissements parlementaires et ploutocratiques de l'ex-disciple d'Auguste Comte.

» Veuillez agréer mes salutations bien fraternelles et mes remerciements.

» ÉMILE LAPORTE, mécanicien.
rue Saint-Placide, 48. »

« Le journal a répondu par l'entrefilet suivant :

» Un de nos lecteurs, M. Émile Laporte, nous écrit pour réclamer contre la qualification de fondateur de la *Philsophie positive*, donnée à M. Littré dans le *Radical* du 23 courant.

» Nous n'avons qu'un mot à dire : notre correspondant s'est complétement mépris sur notre pensée. Nous n'ignorons pas que M. Auguste Comte est le fondateur de la *doctrine* positiviste, mais M. Littré dirige encore, avec M. Wyrouboff, la revue intitulée : *La Philosophie positive*, et c'est de cette publication que nous avons voulu parler.

» S. L. »

II

M. LITTRÉ (1).

« Ceux qui ont entamé la Révolution ne peuvent la finir; cette tâche est dévolue aux prolétaires. »
(É. LITTRÉ, 1849.)

« La seconde erreur, c'est d'avoir supposé les classes ouvrières en état de gouverner; loin de là, leur incapacité y est manifeste. »
(É. LITTRÉ, 1871.)

« On a fait grand bruit, depuis quelques jours, dans la presse républicaine, d'un article de M. Littré en faveur du renouvellement partiel de l'Assemblée et pour la prolongation de la situation équivoque, désas-

(1) Extrait du *Radical*, numéro du 28 novembre 1871.

treuse, dans laquelle la majorité de ce corps politique, ouvertement hostile à la Révolution, a plongé et maintient le pays.

» L'opinion du député de Paris est, en effet, aussi opposée à l'affermissement de la République que dépourvue de sens et de légitimité.

» Mais y a-t-il lieu de s'étonner autant et fallait-il arriver à ce jour pour savoir que M. Littré n'est pas plus avancé que ses illustres amis, aujourd'hui gouvernant, et que ses aspirations ne dépassent guère, en réalité, le parlementarisme ploutocratique des dernières années de Louis-Philippe.

» L'homme qui, à cette heure, refuse au prolétariat, à la majorité de la population légale, avec une impertinence qui n'a d'équivalent que son opiniâtreté, la compétence et l'ingérance gouvernementales; qui ne comprend pas que, dans une société où l'activé industrielle prend de plus en plus de prépondérance, la richesse ne peut pas avoir seule la direction des affaires publiques, et qui considère *comme un signe de folie* que l'on puisse admettre cette capacité dans le peuple, et la nécessité, pour une République, de lui donner part au *gouvernement;* l'homme qui, député de Paris, a pu le méconnaître et l'abandonner, malgré ses services et ses malheurs, et lui vouer sa rancune bourgeoise au point d'oser ne pas signer avec ses collègues de la Capitale la demande d'amnistie, cet homme, disons-nous, ne devrait provoquer parmi les esprits sérieux aucun étonnement, lorsqu'il expose ses velléités gérontocratiques.

» Aussi n'avons-nous eu aucune déception ni partagé la surprise de nos amis, nous qui, en parfaite connaissance des choses, avions combattu et repoussé formellement, avec les citoyens Parent, Fortune et Ostyn, devant le Comité central de l'Association des défenseurs de la République, au mois de janvier dernier, la candidature de M. Littré à l'Assemblée nationale, lorsqu'elle y fut présentée par MM. Massol et Brisson.

» Que d'arguments aujourd'hui, péremptoires, décisifs, pour réduire cette réputation factice, œuvre d'académie et de journalisme, et pour la condamner publiquement au nom de ce Positivisme dont M. Littré s'est quelque temps servi pour sa fortune philosophique! Car l'abandon qu'il vient de faire des principes et des intérêts de la République, a été depuis longtemps et par lui consommé à l'égard des bases essentielles et des conséquences les plus inévitables de la philosophie positive; ce qui ne nous donnait pas en son action publique une foi bien robuste.

» Disciple fervent et soumis d'Auguste Comte jusqu'en 1855, à ce point de donner le premier l'exemple *de la pratique* de la religion de l'Humanité (il avait alors quelque cinquante ans, âge mûr pour les convictions sérieuses), M. Littré, dès la mort du philosophe, passa au camp de ses ennemis, abandonnant successivement tous les points de la synthèse positive, à l'extrême joie des coryphées de la réaction, qui firent de sa palinodie leur arme principale contre le parti qui a inscrit sur son drapeau : Substitution de la science à la théologie et de l'industrie à la guerre, incorporation sociale du prolétariat.

» Mais nous ne voulons apprécier ici cette fluctuation excessive qu'en ce qui touche à la patrie, à ses angoisses actuelles à ses dangers immédiats.

» La France, plus qu'aucune de ses sœurs d'Occident, est en révolution depuis le quatorzième siècle, où commence la dissolution spontanée du catholicisme et de la féodalité, et surtout depuis 1789. époque décisive pour la crise actuelle. Tout son passé, comme celui de l'Europe occidentale, tend à terminer cette transition difficile par l'institution d'un régime pacifique, dirigé par une foi démontrable. C'est le Positivisme, et lui seul, qui a fait cette lumière dans la nuit obscure où les générations modernes s'entre-tuent et se débattent, c'est lui qui a fixé le but et trouvé les moyens!... M. Littré a partagé sa foi, propagé ses démonstrations, connu et subi leur auteur, apprécié sa grandeur intellectuelle, vu de près son énergie, son austérité et son dévouement, provoqué sa confiance, partagé son labeur!

» Et c'est à près de soixante ans, quand le moment d'agir lui-même est venu, que le temps presse, que la société palpite et attend, c'est à cette heure anxieuse qu'il change d'opinion, renie ce qu'il a confessé, brûle ce qu'il a adoré, et s'acharne, émule des plus tristes contempteurs de la *grande humanité*, à déverser l'outrage et la calomnie sur le fondateur de la synthèse moderne, le doute, le blâme et la négation sur les assises mêmes de sa doctrine! qu'il arrête les esprits d'avant-garde dans leur ascension vers la politique scientifique; qu'il les retient dans les langes métaphysiques, retourne lui-même aux limbes académiques, et abandonne la voie républicaine pour le parlementarisme et la ploutocratie?...

» Eh bien! nous ne craignons pas de le dire : M. Littré est responsable, mais autrement qu'il n'imagine, envers les effroyables collisions où se débat la patrie menacée... Ce n'est point parce qu'il a, en 1850, propagé le Positivisme social, mais parce que le Positivisme, grâce à sa mollesse et à sa défection, n'est point arrivé à temps pour éclairer et pacifier, que la violence a repris le gouvernement du monde! Il est donc coupable, autant qu'individu peut l'être, envers de si grands cataclysmes.

» Qu'il continue son recul, qu'il attaque et dénonce en tous lieux la foi qu'il a jadis professée! Ceux qui y sont restés fidèles le répudient à leur tour irrévocablement et consacrent publiquement son apostasie, tant au nom de la République qu'à celui de la philosophie; car, malgré tous les despotismes et toutes les alternatives de réactions, ils continuent d'affirmer et de croire que la loi du progrès, pour toutes les sociétés humaines est d'éliminer le théologisme, la métaphysique et la guerre, et de les remplacer par la science et par l'industrie, de poursuivre la fusion intellectuelle, morale et domestique des races et des classes, pour travailler de concert au bonheur du genre humain, à l'extinction de la misère, de l'ignorance et du vice, en étouffant partout la royauté dans les bras de la République, et arrivant, par le concours de tous les citoyens, sans exception de professions ni de classes, à la transformation nécessaire du personnel et des institutions monarchiques. »

Dr ROBINET.

Les pages qu'on vient de lire montrent avec quelle conviction et quelle énergie les Positivistes orthodoxes poursuivent la destruction de l'ordre social actuel et veulent la réalisation de la religion et de la politique d'Auguste Comte. Ouvrons donc le Catéchisme positiviste d'Auguste Comte, et voyons ce qu'il enseigne ; voyons de plus s'il n'y a pas une concordance avec ses enseignements et la conduite de l'Internationale et de la Commune.

Ce catéchisme a été fait dans le but de propager les doctrines positivistes parmi les prolétaires et parmi les femmes, et en vue de s'assurer leur concours pour la transformation sociale. Auguste Comte le déclare expressément dans la préface de ce catéchisme.

L'idée d'une coalition internationale des ouvriers est clairement suggérée à la page 316 du catéchisme dans le passage suivant :

« Ainsi, les soixante républiques de l'Occident régénéré ne se trouveront habituellement liées que d'après une même éducation, des mœurs uniformes, et des fêtes communes. En un mot, leur union sera religieuse, et non politique ; sauf les relations historiques résultées des agrégations antérieures, et bientôt effacées sous les nouveaux rapprochements, quand elles ne reposeront pas sur la communauté du langage. Le Grand-Prêtre de l'Humanité constituera, mieux qu'aucu pape du moyen âge, le seul chef vraiment occidental. Il pourra donc, au besoin, concentrer toute l'action sacerdotale afin de réprimer chaque triumvirat tyrannique, en invoquant d'ailleurs les chevaliers voisins, et même la paisible médiation des gouvernements impartiaux. Si les luttes industrielles deviennent pourtant inévitables, sa digne sanction pourra procurer aux coalitions ouvrières une extension décisive, en y faisant participer tous les collaborateurs occidentaux, même en dehors de la profession compromise. Mais, réciproquement, quand le sacerdoce blâmera la conduite des travailleurs, ou seulement refusera de l'approuver, les entrepreneurs surmonteront aisément toutes les réclamations vicicieuses. »

On reproche à l'Internationale d'être athée et matérialiste, voici les enseignements du catéchisme positiviste, page 29 :

« *La Femme*. Encouragée par votre préambule, je vous prie, mon père, de commencer l'exposition systématique du dogme positif par une explication plus directe et plus complète de son principe universel. J'ai déjà compris que votre conception du vrai Grand-Être résume nécessairement l'ensemble de l'ordre réel, non-seulement humain, mais aussi extérieur. C'est pourquoi j'éprouve le besoin d'une détermination plus nette et plus précise envers cette unité fondamentale du positivisme.

» *Le Prêtre*. Pour y parvenir, vous devez, ma fille, définir d'abord l'Humanité comme l'*ensemble* des êtres humains, passés, futurs, et présents. Ce mot *ensemble* vous indique assez qu'il n'y faut pas comprendre tous les hommes, mais ceux-là seuls qui sont réellement assimilables, d'après une vraie coopération à l'existence commune. Quoique tous naissent nécessairement enfants de l'Humanité, tous ne deviennent pas ses serviteurs, et beaucoup restent à l'état parasite qui ne fut excusable que pendant leur éducation. Les temps anarchiques font surtout pulluler, et trop souvent fleurir, ces tristes fardeaux du véritable Grand-Être. Plus d'un vous a rappelé l'énergique flétrissure d'Arioste après Horace :

Venuto al mondo sol per far letame ;

et, mieux encore, l'admirable réprobation de Dante :

Che visser senza infamia e senza lodo.
. . . .
Cacciarli i ciel per non esser men belli,
Nè lo profondo inferno li receve,
Ch' alcuna gloria i rei avrebber d'elli.
. . . .
Non ragionam di lor, ma guarda e passa.

» Vous voyez ainsi que, à cet égard comme à tout autre, l'inspiration poétique devança beaucoup la systématisation philosophique. Quoi qu'il en soit, si ces producteurs de fumier ne font vraiment point partie de l'Humanité, une juste compensation vous prescrit de joindre au nouvel Être-Suprême tous ses dignes auxiliaires animaux. Toute utile coopération habituelle aux destinées humaines, quand elle s'exerce volontairement, érige l'être correspondant en élément réel de cette existence composée, avec un degré d'importance proportionné à la dignité de l'espèce et à l'efficacité de l'individu. Pour apprécier cet indispensable complément, nous n'avons qu'à supposer qu'il nous manque. On n'hésite point alors à regarder tels chevaux, chiens, bœufs, etc., comme plus estimables que certains hommes.

» Dans cette première conception du concours humain, l'attention concerne naturellement la solidarité, de préférence à la continuité. Mais, quoique celle-ci soit d'abord moins sentie, parce qu'elle exige un examen plus profond, sa notion doit finalement prévaloir. Car, l'essor social ne tarde guère à dépendre davantage du temps que de l'espace. Ce n'est pas seulement aujourd'hui que chaque homme, en s'efforçant d'apprécier ce qu'il doit aux autres, reconnaît une participation beaucoup plus grande chez l'ensemble de ses prédécesseurs que chez celui de ses contemporains. Une telle supériorité se manifeste, à de moindres degrés, aux époques les plus lointaines; comme l'indique le culte touchant qu'on y rendit toujours aux morts, suivant la belle remarque de Vico.

» Ainsi, la vraie sociabilité consiste davantage dans la continuité successive que dans la solidarité actuelle. Les vivants sont toujours et de plus en plus, gouvernés nécessairement par les morts : telle est la loi fondamentale de l'ordre humain.

» Pour la mieux concevoir, il faut distinguer, chez chaque vrai serviteur de l'Humanité, deux existences successives : l'une, temporaire mais directe, constitue la vie proprement dite; l'autre, indirecte mais permanente, ne commence qu'après la mort. La première étant toujours corporelle, elle peut être qualifiée d'*objective*; surtout par contraste envers la seconde, qui, ne laissant subsister chacun que dans le cœur et l'esprit d'autrui, mérite le nom de *subjective*. Telle est la noble immortalité, nécessairement immatérielle, que le positivisme reconnaît à notre *âme*, en conservant ce terme précieux pour désigner l'ensemble des fonctions intellectuelles et morales, sans aucune allusion à l'entité correspondante. »

La Commune de Paris a renversé la colonne Vendôme. — Voici ce qu'il y a au calendrier du *Catéchisme positiviste*, page 332 :

« Jour complémentaire . . . . Fête universelle des MORTS.

» Jour additionnel des années bisextiles { Réprobation solennelle des deux principaux rétrogradateurs (*Julien* et *Bonaparte*), mais seulement pendant la première demi-génération.

» Après ces *quatre* célébrations initiales de la *Fête des Réprouvés*, ce jour exceptionnel prendra sa destination normale pour le culte abstrait. »

La Commune de Paris voulait briser l'unité nationale. — Voici les enseignements du *Cathéchisme positiviste,* pages 120 et 294 :

« C'est ainsi que, malgré les mœurs du moyen âge, dont les traces sont encore sensibles, les Occidentaux laissèrent partout former des Etats beaucoup trop vastes.

» Les motifs politiques de cette exorbitante extension ayant déjà cessé suffisamment, on commence à sentir, même en France, les dangers radicaux, et aussi la prochaine terminaison, d'une telle anomalie. Mais la religion positive réduira bientôt ces monstrueuses associations à l'étendue normale qui dispensera d'employer la violence pour maintenir l'union temporelle entre des nations susceptibles seulement de liens spirituels. Telle sera l'application prochaine du principe statique qui érige en organe politique du Grand-Être la simple cité, complétée par les populations moins condensées qui s'y rattachent librement. Le sentiment patriotique, maintenant si vague et si faible d'après sa diffusion exagérée, pourra dès lors développer dignement toute l'énergie que comporte cette concentration civique. Mais l'union habituelle des grandes cités deviendra plus réelle et plus efficace en prenant le caractère normal d'un concours volontaire. La foi positive fera convenablement sentir la solidarité, et même la continuité, qui doivent finalement régner entre toutes les régions quelconques de la planète humaine. »

. . . .

« Dans l'ordre final, les états occidentaux n'auront pas une étendue normale supérieure à celle que nous offrent maintenant la Toscane, la Belgique, la Hollande, et bientôt la Sicile, la Sardaigne, etc. Une population d'un à trois millions d'habitants, au taux ordinaire de soixante par kilomètre carré, constitue, en effet, l'extension convenable aux États vraiment libres. Car on ne doit qualifier ainsi que ceux dont toutes les parties sont réunies, sans aucune violence, par le sentiment spontané d'une active solidarité. La prolongation de la paix occidentale, en dissipant les craintes sérieuses d'invasion extérieure et même de coalition rétrograde, fera bientôt sentir partout le besoin de dissoudre paisiblement des agrégations factices désormais dépourvues de vrais motifs. Avant la fin du dix-neuvième siècle, la République Française se trouvera librement décomposée en dix-sept républiques indépendantes, formées chacune de cinq départements actuels. La prochaine séparation de l'Irlande doit ensuite conduire à rompre les liens artificiels qui réunissent aujourd'hui l'Écosse, et même le pays de Galles, à l'Angleterre proprement dite. Une semblable décomposition s'opérant dans tous les États trop vastes, le Portugal et l'Irlande, si nulle division n'y surgit, formeront, au début du siècle suivant, les plus grandes républiques de l'Occident. C'est à des patries ainsi restreintes qu'il faut appliquer ici l'appréciation normale du régime public. Alors le sentiment national devient un véritable intermédiaire entre l'affection domestique et l'amour universel. »

Ces pages expliquent et rendent logique la proposition faite à l'Assemblée nationale, au nom du club positiviste, de séparer la Corse de la France. Il y avait peut-être aussi cette raison que la Corse a la tache ineffaçable d'avoir donné le jour au *principal rétrogradeur* des temps modernes et d'en avoir fait cadeau à la France.

On peut expliquer également l'incendie des monuments et des grands bâtiments nationaux, par la raison qu'ils ne sont que l'expression de l'unité de la France, et le Positivisme n'en a que faire.

La Commune de Paris s'est montrée dictatoriale et dédaigneuse du suffrage universel. — Mais dans le système positiviste on n'admet pas le suffrage universel ; tout est dictature.

On a accusé la Commune de Paris de recevoir des instructions occultes et étrangères. — Mais il y a dans le Positivisme une puissance spirituelle, représentée par un sacerdoce, dont le rôle est uniquement de conseiller sans prendre part à l'action. Voici un passage du *Catéchisme positiviste :*

« Une telle solution réside entièrement dans la séparation fondamentale entre les deux puissances spirituelle et temporelle. On ne peut assurer le dévoûment des forts aux faibles que par l'avènement d'une classe de forts qui ne puisse obtenir d'ascendant social qu'en se dévouant aux faibles, d'après leur libre vénération. C'est ainsi que le sacerdoce devient l'âme de la vraie sociocratie. Mais celà suppose qu'il se borne toujours à conseiller, sans pouvoir jamais commander. »

Je termine l'examen du *Catéchisme positiviste* par l'extrait suivant qui concerne l'organisation économique (page 300) :

« *La Femme*. Cette indispensable concentration des richesses est déjà souhaitée, mon père, par les prolétaires de nos grandes villes, comme un véritable bienfait social, quoique nos campagnards persistent trop à désirer une dispersion presque indéfinie. Mais une telle condensation doit beaucoup dépendre de la transmission héréditaire des propriétés. L'indication que vous avez ébauchée à cet égard dans l'explication du culte me paraissant insuffisante, je vous prie de la compléter ici.

» *Le prêtre*. Il faut, ma fille, la rattacher au principe plus général qui règle la succession normale des fonctionnaires quelconques. Le mode électif ne fut introduit que comme une protestation, longtemps indispensable, contre le régime des castes, devenu finalement oppressif. Mais, en lui-même, tout choix des supérieurs par les inférieurs est profondément anarchique : il n'a jamais servi qu'à dissoudre graduellement un ordre vicieux. L'état final ne doit, à cet égard, différer du régime primitif qu'en substituant à l'hérédité théocratique, uniquement fondée sur la naissance, l'hérédité sociocratique, résultée toujours d'une libre initiative de chaque fonctionnaire.

» Toutes les complications sociales inspirées par la défiance n'aboutissent réellement qu'à l'irresponsabilité. Confiance entière et pleine responsabilité, telle est le double caractère du régime positif. Le digne organe d'une fonction quelconque devient toujours le meilleur juge de son successeur, dont il doit toutefois soumettre la désignation à son propre supérieur. C'est seulement dans l'ordre spirituel que tous les choix appartiennent au chef suprême, afin d'obtenir la suffisante concentration d'un office aussi difficile.

» Envers les plus hautes fonctions temporelles, le contrôle du supérieur se trouve naturellement remplacé par l'examen du sacerdoce et du public. C'est pourquoi le chef doit désigner solennellement son successeur en recevant, comme vous le savez, le sacrement de la retraite, à un âge où son choix peut encore être librement modifié d'après les avis convenables. Dans les cas exceptionnels, le sacerdoce pourrait donc, en refusant cette consécration, empêcher assez ce dernier acte d'un pouvoir indigne ou incapable.

» La richesse étant socialement conçue comme une autorité, sa transmission doit suivre les mêmes règles générales. Ce libre choix de l'héritier, d'après une pleine faculté de tester et d'adopter, fournit le meilleur remède contre les abus ordinaires de la possession. En effet, chacun devient alors responsable d'une indigne succession, qui ne peut maintenant lui mériter aucun reproche. On doit peu craindre que l'héritage échoie ordinairement à l'un des fils, si tous sont vraiment incapables. Car la tendance des chefs industriels à perpétuer dignement leurs *maisons* les dispose souvent à choisir leurs successeurs hors de leur propre famille, ce qu'ils ne peuvent faire aujourd'hui qu'en sacrifiant leurs filles. Ainsi, l'hérédité sociocratique, loin de diminuer le pouvoir des riches, lui devient plus favorable que l'hérédité théocratique, tout en augmentant beaucoup leur propre responsabilité morale.

» *La Femme.* Une telle explication achève, mon père, de me faire assez connaître la constitution temporelle du régime positif. Vous pouvez donc apprécier directement l'intervention générale du sacerdoce de l'Humanité dans les principaux conflits civiques.

» *Le prêtre.* Afin de mieux caractériser cette attribution décisive, je crois devoir, ma fille, vous indiquer d'abord la statistique normale du patriciat pour l'ensemble de l'Occident. Deux mille banquiers, cent mille commerçants, deux cent mille fabricants et quatre cent mille agriculteurs, me paraissent fournir assez de chefs industriels aux cent-vingt millions d'habitants qui composent la population occidentale. Chez ce petit nombre de patriciens, se trouveront concentrés tous les capitaux occidentaux, dont ils devront diriger librement l'active application, sous leur constante responsabilité morale, au profit d'un prolétariat trente-trois fois plus nombreux.

» Dans chaque république particulière, le gouvernement proprement dit, c'est-à-dire le suprême pouvoir temporel, appartiendra naturellement aux trois principaux banquiers, respectivement livrés de préférence aux opérations commerciales, manufacturières, et agricoles. C'est donc surtout à ces deux cents triumvirs que le sacerdoce occidental, dirigé par le Grand-Prêtre de l'Humanité, devra dignement soumettre les réclamations légitimes d'un immense prolétariat. La classe exceptionnelle, qui contemple habituellement l'avenir et le passé, applique alors au présent toutes ses sollicitudes, en parlant à ceux qui vivent au nom de ceux qui vécurent et pour ceux qui vivront. »

Le Positivisme orthodoxe fait paraître en ce moment une publication nouvelle sous le titre : *La politique positive,* avec le sous-titre : *Revue occidentale.* Elle est destinée à propager *les données de la science sociale élaborée par Auguste Comte.*

Si l'on veut se convaincre de l'intimité qui existe entre le Positivisme orthodoxe et l'Internationale, on n'a qu'à lire les trois numéros qui ont paru. Je vais en donner quelques extraits.

16 avril 1872.

« La politique, jusqu'à ce jour, n'a été comprise et pratiquée que d'après les données fournies par la théologie et par la métaphysique sur le monde, sur l'homme et sur la société.

» Nous n'affirmerons pas une chose excessive, sans doute, en disant qu'à cette heure et depuis trop longtemps les affaires humaines se trouvent assez mal de cette direction.

» C'est en vain que les gouvernements, qui, depuis bientôt un siècle, se disputent, en France, l'arène politique, s'appuient sur le droit divin ou sur le consentement général ! Qu'ils se réclament de Dieu ou du peuple, ils se montrent d'une incompétence pareille et d'une impuissance égale envers les problèmes inéludables que la complication croissante de la civilisation impose à notre temps.

» C'est pourquoi des esprits encore trop peu nombreux, il est vrai, fatigués des incertitudes et des impossibilités des doctrines indémontrables se sont attachés à celle qui emprunte à la science seule ses principes et ses procédés.

» Nous venons donc propager dans cette Revue les données de la science sociale élaborée par Auguste Comte et les appliquer à l'appréciation des événements politiques actuels, ainsi qu'à la solution des questions qui sont à l'ordre du jour.

» De là le titre principal du journal que nous voulons fonder.

» Rejetant toute explication théologique ou métaphysique, nous traiterons donc ici la politique comme l'on fait de la géométrie ou de la physiologie, au point de vue positif exclusivement, c'est-à-dire à celui de la réalité et de l'utilité.

» Mais la France n'est pas seule engagée dans le vaste ébranlement qui, depuis le treizième siècle, tend à remplacer le régime féodal et catholique par un ordre temporel et spirituel nouveau, en substituant l'industrie à la guerre et la science à la théologie.

» L'Italie, l'Espagne, l'Angleterre et la Germanie, après avoir participé comme elle à la civilisation du moyen âge, comme elles sont entrées dans la Révolution, qui est ainsi propre à chacune des cinq grandes nations situées à l'occident de l'Europe.

» De là le sous-titre de cette Revue, qui ne traitera point la réorganisation philosophique, politique et sociale échue à notre époque au point de vue national, mais à celui de l'association que la France, l'Italie, l'Espagne, l'Angleterre, l'Allemagne et leurs annexes ont formée depuis tant de siècles pour la grande œuvre de la civilisation.

» Quant à la devise *Ordre et progrès*, elle caractérise l'esprit même de notre publication, qui subordonnera toutes ses manifestations aux conditions qui dominent l'existence sociale et qui obligent à considérer les faits les plus compliqués, aussi bien que les plus simples, ceux de la politique comme ceux de l'astronomie ou de la physique, sous le double aspect de la constitution et du mouvement, de manière a ne séparer jamais les lois de l'organisation de celles du développement, et à reconnaître que, partout, l'ordre est la base du progrès, et le progrès le développement de l'ordre.

» Heureux si nos efforts pour amener, en ce qui touche la politique, la convergence d'opinions que la science établit dans tous ses autres domaines, peuvent contribuer à jeter les bases de ce rapprochement des esprits et des volontés qui doit mettre fin, en Occident et surtout en France, aux déchirements de plus en plus profonds qui menacent la société, et à replacer dans des voies rationnelles et fécondes des nations qui ont si puissamment contribué déjà à la grandeur de l'Humanité. »

La Rédaction.

Voici un passage du n° 1 où l'on repousse assez clairement la souveraineté du peuple :

« Si donc, dans une bataille de trois jours, ceux qui sont morts le premier jour sont, pour leur patrie, des triomphateurs; de même, dans la bataille de trois générations que nous soutenons contre l'ancien régime, tous ceux qui sont déjà tombés monteront au Capitole avec les autres après la victoire. A ceux qui trouvent que c'est bien long, nous répondrons que la faute n'est pas aux royalistes, qui ne savent plus gouverner, mais aux républicains, qui ne veulent pas prendre le gouvernement. Depuis 1848 il seraient les maîtres sans la stupide manie qu'ils ont de passer la main dès qu'ils ont la chance; et, s'ils continuent dans la même voie, il ne faut pas être grand prophète pour leur prédire qu'ils n'ont pas encore pleuré toutes leurs larmes. C'est avec leurs propres armes qu'ils se font battre, et on serait en droit de leur demander de quoi ils se plaignent et contre quoi ils protestent, car voilà vingt-quatre ans que nous vivons en plein dans leur type idéal. Ils veulent du peuple souverain, ils en ont. »

EUGÈNE SÉMÉRIE.

Si l'on veut comprendre à demi-mots, ce passage me paraît signifier que si le Positivisme orthodoxe ou l'Internationale vient à se saisir du pouvoir, la société actuelle sera exécutée sommairement, et on ne fera pas la sottise de passer la main en consultant le suffrage universel.

L'article suivant, du n° 2, me paraît également instructif :

CORRESPONDANCE

M. LAFFITTE A LONDRES

« M. Laffitte, directeur du Positivisme, est venu passer quelques jours à Londres. Ce n'est pas ici le lieu d'insister sur les doux et charmants rapports personnels qui se sont établis entre lui et nous, si précieux qu'ils nous soient. C'est au point de vue social et politique que cette visite a pour nous un caractère exceptionnel et c'est en ce sens que nous prétendons que le court séjour que le directeur du Positivisme vient de faire à Londres est un de ces événements qui, petits en apparence, ont cependant une portée considérable pour qui sait les apprécier.

» M. Laffitte a fait, à l'école positiviste de Londres, trois conférences sur la philosophie première. Il a développé, avec cette éloquence facile et lumineuse qui lui est propre, les quinze lois posées par Auguste Comte. Le temps était insuffisant pour un aussi vaste sujet, mais l'esprit d'ensemble n'en ressortait peut-être que mieux et il y a eu place pour des observations nettes et bien concrètes. Ainsi un penseur qui n'avait jamais mis le pied en Angleterre, il y a trois semaines, vient parmi nous et se trouve pour ainsi dire chez lui. Dans une école anglaise, où sa place de professeur est marquée, il trouve un fonds commun d'idées et de convictions et il peut traiter les questions les plus épineuses et les plus brûlantes de la morale et de la politique sans le moindre risque de désaccord entre lui et son auditoire.

» Je ne saurais vous donner une idée de la cordialité respectueuse avec laquelle les positivistes anglais ont accueilli M. Laffitte; car ils voyaient en lui non-seulement l'homme supérieur, le Français sympathique, mais, par-dessus tout, le représentant officiel des croyances par lesquelles ils espèrent régénérer l'Occident.

» C'est là le côté vraiment capital de cette visite.

» Que des Français et des Anglais soient d'accord sur des matières spéciales, cela n'a rien d'étonnant. La géométrie et la physique ne connaissent pas de frontières. Mais il n'en a pas été de même jusqu'ici pour ces profondes questions sociales qui agitent le monde. On pourra nous objecter qu'il est une école qui rivalise avec nous pour l'universalité de sa doctrine, c'est l'école ultramontaine. Il est certain que M. l'archevêque de Paris et M. l'archevêque de Westminster, s'ils se rendaient visite, se trouveraient unis sur les questions les plus importantes. Leur seul défaut, — et ce défaut nous paraît grave, — serait qu'entre eux il ne s'agirait pas de question de ce monde ni du temps présent. Quoi qu'il en soit, la visite de M. Laffitte nous a montré avec évidence que le Positivisme a posé les bases d'une doctrine capable de faire coopérer tout l'Occident à l'immense évolution qui doit préparer l'avenir.

» M. Laffitte a vu avec plaisir Oxford, cette ville gracieuse dont le corps est du moyen âge et dont l'esprit est, à tant d'égards, si moderne. Ce qui l'a frappé encore c'est l'absence de ce type prononcé de race dont les lettrés parlent tant en ce moment. Il ne retrouvait qu'avec une grande difficulté les traits si connus de John Bull. « Les Anglais, dit-il, sont une nation, non une race. »

» M. Laffitte a passé dix jours à Londres et dix ans n'effaceront pas le souvenir qu'il a laissé parmi nous. Nous espérons lui avoir laissé aussi un bon souvenir de l'Angleterre. Puisse-t-il nous le prouver en venant bientôt nous revoir! »

CUTTER MORISON.

Je regretterais vivement d'émettre un avis mal fondé sur une question de cette nature, mais, à mes yeux, l'Internationale est une armée organisée et dirigée par le Positivisme orthodoxe, c'est-à-dire par un nombre considérable de littérateurs, de savants et d'hommes de toutes professions, occupant des positions élevées dans la société; son but est la réalisation du système social d'Auguste Comte; sa méthode d'action est la méthode dictatoriale, c'est-à-dire la violence.

Et maintenant, qu'est-ce que le système social d'Auguste Comte? — C'est une monstruosité qui témoigne d'un manque complet de sens commun et de sens moral chez son auteur et chez ceux qui se font ses apôtres, quelque savants qu'ils puissent être d'ailleurs.

Il y a, pour tous ceux qui ne désirent pas une catastrophe sociale, un grand intérêt à se rendre compte des circonstances qui pourraient faire tomber le pouvoir dans les mains des positivistes et de l'Internationale. Les positivistes et l'Internationale ne sauraient arriver au pouvoir par l'exercice régulier du suffrage universel, ou du moins ils ne pourraient y arriver par cette voie que dans un temps encore fort éloigné, et s'ils parvenaient à affilier à l'Internationale les classes ouvrières des campagnes comme celles des villes. Aussi n'ont-ils que du mépris pour le suffrage universel. Le pouvoir ne peut donc tomber dans leurs mains qu'à la faveur d'un soulèvement provoqué par un conflit politique, et où le peuple serait victorieux. Une telle circonstance pourrait se présenter dans le cas de la proclamation d'une monarchie par l'Assemblée nationale, suivie d'une insurrection des républicains; elle pourrait se présenter encore dans l'avenir à la chute d'une monarchie qui viendrait à être établie. On sait combien les monarchies passent vite en France!

Je résume le tableau de la civilisation actuelle en ces termes:

Une religion n'ayant plus d'empire sur les âmes et ne gouvernant plus les consciences. Une philosophie réduite à avouer que l'esprit humain, en raison de l'incapacité radicale de ses facultés cognitives, ne sait rien et ne peut rien savoir sur Dieu, sur l'âme et sur son immortalité. Une science féconde dans l'ordre purement matériel, stérile dans l'ordre politique et social, et professant l'athéisme et le matérialisme jusqu'à les ériger en religion et en imprégner les masses par une active propagande. Un état social où l'antagonisme économique des diverses classes est arrivé au point de faire redouter une épouvantable guerre sociale.

On conviendra qu'un rayon d'en haut pour éclairer l'horizon et montrer la route ne manque pas d'une certaine nécessité en ce moment.-

LE SPIRITISME

Y a-t-il ou n'y a-t-il pas des *Esprits* ultramondains qui se manifestent et se metttent en communication avec les hommes par divers moyens? En d'autres termes, la phénoménalité spirite est-elle une réalité ou est-elle, soit une jonglerie générale, soit une hallucination générale? C'est cette question de fait qu'il s'agit d'abord de décider.

La phénoménalité spirite est si générale, si variée, si persistante ; les livres et les publications périodiques du spiritisme sont si nombreux ; le nombre des spirites dans toutes les classes sociales et dans tous les pays est si considérable (il s'agit de millions) que les négations des matérialistes et l'incrédulité du monde savant au sujet de la réalité des manifestations des Esprits ultramondains ne sont plus aujourd'hui qu'une ânerie. L'histoire aura à enregistrer un fait inoui. Une phénoménalité, constituant une immense révolution dans l'humanité, se produit sur tous les points du globe, au grand jour et avec éclat, et les organes naturels de la civilisation, au lieu de la recueillir et de l'étudier, en se conforformant aux prescriptions et aux règles de la méthode expérimentale, la nient, la repoussent et la bafouent systématiquement et *à priori*.

On a bien ri jusqu'ici! Il faut commencer à rougir!

On ne saurait suspecter le témoignagne du clergé au sujet de ces manifestations, puisqu'elles tendent à renverser la religion et qu'il les combat, de son côté, comme démoniaques. Voici un extrait du mandement de Mgr le cardinal Gousset, cardinal-archevêque de Reims, pour le carême de 1865 :

« Dans leur intervention extérieure, les démons ne sont pas moins » attentifs à dissimuler leur présence, pour écarter les soupçons. Tou- » jours rusés et perfides, ils attirent l'homme dans leurs embûches » avant de lui imposer les chaînes de l'oppression et de la servitude. » Ici, ils éveillent la curiosité par des phénomènes et des jeux puérils; » là, ils frappent d'étonnement et subjuguent par l'attrait du merveil- » leux. Si le surnaturel apparaît, si leur puissance les démasque, ils » calment et apaisent les appréhensions, ils sollicitent la confiance, ils » provoquent la familiarité. Tantôt ils se font passer pour des divi- » nités et de bons génies; tantôt ils empruntent les noms et même » les traits des morts qui ont laissé une mémoire parmi les vi- » vants. A la faveur de ces fraudes dignes de l'ancien serpent, ils » parlent, et on les écoute; ils dogmatisent, et on les croit; ils mêlent » leurs mensonges de quelques vérités, et ils font accepter l'erreur sous » toutes les formes. C'est là qu'aboutissent les prétendues-révélations » d'outre-tombe; c'est pour obtenir ce résultat que le bois, la pierre, » les forêts et les fontaines, le sanctuaire des idoles, le pied des tables, » la main des enfants, rendent des oracles; c'est pour cela que la py- » thonisse prophétise dans son délire, et que l'ignorant, dans un » mystérieux sommeil, devient tout à coup le docteur de la science. » Tromper et pervertir, tel est, partout et dans tous les temps, le but » final de ces étranges manifestations.

» Les résultats surprenants de ces observances ou de ces actes, pour » la plupart bizarres et ridicules, ne pouvant procéder de leur vertu » intrinsèque, ni de *l'ordre établi par Dieu,* on ne peut les attendre » que du concours des puissances occultes. Tels sont, notamment, les » phénomènes extraordinaires obtenus, de nos jours, par les procédés, » en apparence inoffensifs du magnétisme, et l'organe intelligent des » tables parlantes. Au moyen de ces opérations de la magie moderne, » nous voyons se reproduire parmi nous les évocations et les oracles, les » consultations, les *guérisons* et les prestiges qui ont illustré les temples » des idoles et les antres des sibylles. Comme autrefois, on commande » au bois et le bois obéit; on l'interroge, et il répond dans toutes les » langues et sur toutes questions; on se trouve en présence d'êtres » invisibles qui usurpent les noms des morts, et dont les prétendues » révélations sont marquées au coin de la contradiction et du men- » songe ; des formes légères et sans consistance apparaissent tout à » coup, et se montrent douées d'une force surhumaine.

» Quels sont les agents secrets de ces phénomènes, et les vrais acteurs » de ces scènes inexplicables? Les anges n'accepteraient point ces

» rôles indignes, et ne se prêteraient point à tous les caprices d'une » vaine curiosité. Les âmes des morts, que Dieu défend de consulter, » demeurent au séjour que leur a assigné sa justice, et elles ne peuvent, » sans sa permission, se mettre aux ordres des vivants. Les êtres mys- » térieux qui se rendent ainsi au premier appel de *l'hérétique et de* » *l'impie comme du fidèle,* du crime aussi bien que de l'innocence, ne » sont ni les envoyés de Dieu, ni les apôtres de la vérité et du salut, » mais les suppôts de l'erreur et de l'enfer. Malgré le soin qu'ils pren- » nent de se cacher sous les noms les plus vénérables, ils se trahissent » par le néant de leurs doctrines, non moins que par la bassesse de » leurs actes et l'incohérence de leurs paroles. Ils s'efforcent d'effacer » du symbole religieux, les dogmes du péché originel, de la résurrec- » tion des corps, de *l'éternité des peines,* et toute la révélation divine, » afin d'ôter aux lois leur véritable sanction, et d'ouvrir au vice toutes » les barrières. Si leurs suggestions pouvaient prévaloir, elles forme- » raient une religion commode, à l'usage du socialisme et de tous ceux » qu'importune la notion du devoir et de la conscience. L'incrédulité » de notre siècle leur a préparé les voies. Puissent les sociétés chré- » tiennes, par un retour sincère à la foi catholique, échapper au danger » de cette nouvelle et redoutable invasion! »

Je n'ai pas à discuter l'opinion de Mgr Gousset; j'exprimerai seulement mon sentiment au sujet de l'éternité des peines. S'il est vrai que Dieu condamne les hommes pour leurs aberrations de ce monde, même pour leurs plus grands crimes, à des peines éternelles, je déclare que si j'en avais le pouvoir, je ferais sortir tous les damnés de l'enfer et j'y mettrais Dieu à leur place.

Faire de Dieu un monstre de cruauté, équivaut à prouver, par l'*évidence morale,* qu'il n'existe pas, c'est porter à l'athéisme. Ces prétendus démons rendent bien meilleur témoignage de Dieu, en affirmant qu'il n'y a pas de peines éternelles pour les âmes, que leurs souffrances, de quelque degré et de quelque durée qu'elles soient, sont inhérentes à leur imperfection, que Dieu, par l'économie de sa providence, est éternellement appliqué lui-même à les purifier et à les faire progresser, et que, quelles que puissent être leurs vicissitudes temporaires, elles arriveront finalement toutes à lui. Si ces esprits sont des démons, comme l'affirme Mgr Gousset, il s'en suivrait que Dieu permet au Diable de venir en recrutement sur la terre et d'embaucher les hommes en son propre nom. La providence de Dieu serait étrange!

Le simple fait de la manifestation des esprits ultramondains, quelles que soient d'ailleurs leur nature et leur condition d'existence, change de fond en comble la situation philosophique. Le spiritualisme, impuissant à prouver l'existence et l'immortalité de l'âme par la voie métaphysique et par la voie psychologique, se trouve désormais en possession d'une preuve expérimentale donnant toute certitude, et contre laquelle ne peuvent plus rien, ni l'école critique, ni l'école positive, ni le scepticisme, ni le matérialisme. Le même fait tue pour toujours le matérialisme, et renverse tout l'échafaudage politico-religieux du positivisme orthodoxe. Il oblige notamment M. Littré, et ses collaborateurs à changer cette définition de l'âme qu'ils donnent dans leur édition du *Dictionnaire* de Nysten : L'âme est un mot qui signifie, « considéré anatomiquement, l'ensemble des fonctions du cerveau et de la moelle épinière, et, considéré physiologiquement, l'ensemble des fonctions de la sensibilité encéphalique. »

M. Taine aura aussi beaucoup à changer dans ses écrits ; il devra surtout effacer cette phrase : « Nous allons même plus loin que » vous : nous pensons qu'il n'y a ni esprits ni corps, mais simple» ment des groupes de mouvements présents ou possibles, et des » groupes de pensées présentes ou possibles. Nous croyons qu'il » n'y a point de substances, mais seulement des systèmes de » faits. » (*Le Positivisme anglais.*)

Il est déjà sorti des communications spirites un enseignement considérable, c'est-à-dire un enseignement communiqué par les esprits ultramondains eux-mêmes. J'ignore quelle peut-être sa valeur dans les pays étrangers. En France il a donné lieu à une foule de publications, mais il est particulièrement remarquable et d'une haute portée dans l'œuvre d'Allan-Kardec et dans l'œuvre de Michel de Figanières. Je me contenterai de donner une idée de ces deux œuvres.

ŒUVRE D'ALLAN-KARDEC.

Allan-Kardec a procédé suivant la méthode éclectique. Il a recueilli et concentré pendant plusieurs années une foule de communications spirites, et, appréciant personnellement ces documents, quant à leur valeur intrinsèque et quant à leur concordance sur les questions traitées, il a élaboré et produit une doctrine qui constitue une école de spiritisme; école qui embrasse des études philosophiques, religieuses, morales et même physiques en ce qui concerne les fluides invisibles et leur action.

Allan-Kardec a donné au spiritisme un caractère scientifique qui lui assure une existence impérissable et une influence qui grandit tous les jours. Le spiritisme d'Allan-Kardec est rationnel et dégagé de tout surnaturel et de tout mysticisme. La phénoménalité spirite y est toujours considérée comme provenant de lois que nous ne connaissons pas encore, mais que nous pouvons arriver à connaître ; elle n'y est jamais considérée comme miraculeuse, c'est-à-dire comme contraire aux lois de la nature ou au-dessus de ces lois. Les ouvrages d'Allan-Kardec sont bien écrits, bien composés et bien raisonnés; aussi sont-ils répandus dans tous les pays et propagent-ils l'idée spirite partout où ils pénètrent.

L'enseignement moral contenu dans ces livres est pur et élevé, c'est celui du Christ dégagé de tout mystère, de toute absurdité et de tout formalisme religieux. Pour s'en convaincre on n'a qu'à les lire et à les juger avec impartialité.

L'influence pratique du spiritisme sur les individus est saine et considérable; il les porte à une conduite honnête et régulière, les détache des convoitises subalternes, les dispose à être indulgents et bons pour leurs semblables, et leur fait envisager le bien-vivre de la vie présente comme la seule condition de mériter une existence heureuse dans la vie future.

Le spiritisme est au fond une religion universelle, sans sacerdoce et sans culte extérieur, qui se substitue aux diverses religions existantes actuellement sur la terre. Il démontre qu'elles sont toutes fausses, en prouvant par la phénoménalité actuelle qu'aucune d'elles n'a été fondée par une intervention directe et personnelle de Dieu, et qu'elles ont été toutes fondées par une simple intervention d'agents ultramondains secondaires, qui se sont donnés pour Dieu ou qu'on a pris pour Dieu. Dès lors la valeur de ces religions n'est que relative et leur destination n'a pu être que temporaire. L'humanité en vertu de ses progrès dans l'ordre industriel et dans l'ordre des sentiments humanitaires, tendant aujourd'hui vers l'unité, il est nécessaire qu'il arrive une religion unitaire, et que toutes les religions particulières, — barrières morales entre les peuples, — disparaissent. Telle est la signification et la portée de la révélation actuelle.

La phénoménalité spirite présente dans son ensemble des caractères de forme et de fond qui justifient, en quelque sorte, et l'opinion de ceux qui la jugent comme démoniaque, et l'opinion de ceux qui la considèrent simplement comme une curiosité futile et extravagante, et l'opinion de ceux qui lui donnent la portée d'une révélation. — Il s'agit, bien entendu, des opinions de ceux qui ont pris connaissance des faits et non des opinions des moutons de Panurge.

En effet, cette phénoménalité présente, quant à la forme, des actions perverses, des faits plaisants et des actes sérieux. Quant au fond, elle comprend des communications témoignant d'une grande sagesse, d'un grand savoir et d'une grande moralité, et des communications dénotant beaucoup de préjugés, beaucoup d'ignorance beaucoup de vices. De plus, il y a des communications mensongères, et des esprits qui tombent dans des contradictions flagrantes, et qui prennent des noms qui ne leur appartiennent pas.

Mais examinons la question au point de vue philosophique et avec un esprit philosophique, et voyons si un tel état de choses, un spectacle aussi surprenant ne constituerait pas précisément lui-même un des enseignements importants de cette révélation. On conviendra que le but d'une révélation doit être de nous éclairer et de nous instruire, de dissiper nos erreurs et de nous faire connaître les choses telles qu'elles sont. S'il en est ainsi, nous apprenons par cette phénoménalité, que l'univers, que nous croyions un désert privé de toute vie spirituelle, est animé dans toutes ses parties; que l'espèce humaine est infinie, et qu'elle peuple tous les mondes; que l'ignorance, l'erreur, le vice ne sont pas seulement chez nous, mais encore chez les esprits transmondains qui nous environnent et qui vivent et agissent aussi bien que nous. Nous apprenons encore, par cette phénoménalité, que Dieu n'a jamais été en relation directe et personnelle avec les hommes pour leur donner des lois et leur tracer des règles positives de conduite, que ce qu'on appelle surnaturel dans toutes les religions n'est ni une hallucination, ni une imposture, ni une intervention de Dieu, mais dérive des communications patentes ou occultes d'esprits ultramondains plus ou moins élevés, plus ou moins parfaits. Enfin cette phénoménalité nous apprend que tous les enseignements qui nous viennent par voie ultramondaine, quoique pouvant être supérieurs par rapport à nos connaissances, sont loin de renfermer une vérité complète et absolue; qu'ils ne sont appropriés qu'à notre état d'infériorité actuelle, et qu'ils n'ont qu'une portée transitoire. De plus, pour vaincre tous les doutes dans le présent et dans l'avenir, on nous instruit de cet état de choses d'une façon sensible et expérimentale, en mettant un tableau saisissant sous nos yeux.

Ainsi comprise, la phénoménalité spirite devient parfaitement rationnelle dans sa forme et dans son fond. Il reste seulement à en examiner les productions théoriques, à les soumettre à la critique comme nos propres connaissances, et à en extraire, par notre propre jugement, les parties qui s'imposent avec une autorité scientifique.

Le cadre de cet écrit ne me permet pas de faire une analyse des ouvrages d'Allan-Kardec. Ce serait d'ailleurs inutile; ces ouvrages sont à la disposition de tous et à la portée de toutes les intelligences. Je ferai remarquer seulement que les doctrines d'Allan-Kardec présentent des divergences considérables et mêmes fondamentales avec celles de Michel de Figanières, dont je vais donner un aperçu.

Les doctrines d'Allan-Kardec sont contenues dans les ouvrages suivants : 1° *le Livre des Esprits;* 2° *le Livre des Médiums;* 3° *Évangile selon le Spiritisme;* 4° *le Ciel et l'Enfer;* 5° *la Genèse, les miracles et les prédictions;* 6° la collection de la *Revue spirite.*

En dehors de l'œuvre d'Allan-Kardec, le spiritisme comprend un grand nombre de livres et beaucoup de revues périodiques dont je ne puis m'occuper ici.

ŒUVRE DE MICHEL (DE FIGANIÈRES).

Michel de Figanières est un extatique qui écrit sous l'inspiration d'un seul esprit qui se donne le nom d'*Esprit de vérité.* Son œuvre est donc le résultat d'une pensée individuelle, à l'opposé de celle d'Allan-Kardec qui est éclectique, c'est-à-dire bâtie sur l'enseignement général des esprits.

Je fais abstraction de la forme de l'œuvre qui laisse à désirer, je fais également abstraction de ce qu'il peut y avoir de fondé ou de non fondé dans certaines visions et dans certaines prédictions de l'extatique, je juge seulement le système de Michel de Figanières quant au fond et d'après sa valeur intrinsèque. Voici le jugement que je porte :

C'est le plus grand monument qui existe dans les archives de l'humanité. Platon, Aristote, Descartes, Leibnitz, Kant et Hegel ne sont que des esprits de troisième ordre.—Je dis de troisième et non de deuxième—relativement à l'Esprit qui se révèle dans cette œuvre. Ces grands philosophes sont à cet Esprit ce que des maîtres d'école de village sont à un professeur de la Sorbonne.

Ce système ne peut être compris et apprécié que par des individus doués d'un véritable sens philosophique, et au courant des questions qui constituent les problèmes de la métaphysique, problèmes à l'étude depuis plus de deux mille ans, sur lesquels se sont usés les plus grands génies de l'humanité, et qu'aujourd'hui, par l'organe de Kant et de l'École critique, l'esprit humain reconnaît hors de sa portée et déclare insolubles.

Tous ces problèmes se trouvent précisément résolus, en principe, dans le système de Michel de Figanières. Ce système est trop vaste et trop compliqué dans ses développements pour que je puisse en faire un résumé; je me contenterai de donner une idée de la manière dont il résout, en principe, les problèmes métaphysiques.

Les principaux problèmes métaphysiques sont ceux-ci : Qu'est-ce que Dieu? — Qu'est-ce que l'âme? — Qu'est-ce que la matière et le monde? — Quels sont les rapports de Dieu avec le monde? Comment l'âme peut-elle avoir des rapports avec la matière? — Quelle est l'économie du tout et son unité organique et vivante, c'est-à-dire qu'est-ce que l'*Être* absolu?

Kant a démontré d'une manière invincible que nous ne pouvons connaître les choses que sous les conditions de l'*expérience,* c'est-à-dire qu'autant qu'elles affectent ou peuvent affecter notre *sensibilité,* et qu'il nous est impossible de nous représenter, et, par conséquent, de connaître aucune chose existante en dehors du temps et de l'espace. Il est évident que nul esprit ultramondain, quelque élevé qu'il puisse être, ne saurait connaître les choses qui lui sont extérieures autrement. S'il s'agit de Dieu, il pourra le concevoir comme infini dans l'espace et dans le temps, mais pour le connaître comme réalité vivante, il faut qu'il en soit affecté d'une manière quelconque, il faut qu'il lui devienne sensible à quelque égard. Cet esprit pourra, sans doute, avoir des sens et des facultés cognitives différents des nôtres et d'une portée hors de proportion avec les nôtres, mais, dans la *catégorie* de l'existence, il ne saurait connaître qu'à la condition d'être affecté par l'objet de la connaissance, et sous des rapports du temps et d'espace. Or, dans le système de Michel de Figanières, c'est justement de cette manière qu'a lieu la connaissance des réalités métaphysique, *Dieu, l'âme, la matière, l'Être absolu,* ce qui les rend intelligibles comme *réalités,* et permet à l'esprit humain de les comprendre comme *existences réelles.*

Ce système, par cela même que les réalités métaphysiques y sont connues sous les conditions de la sensibilité, c'est-à-dire de l'expérience possible, échappe aux conclusions sceptiques et aux antinomies de *la Critique de la Raison pure.* Il présente d'ailleurs, quant à sa forme, tous les caractères de la science ; au lieu de résulter d'une méthode *à priori* et d'être un échafaudage logique, il suppose, quant à sa construction, l'usage de la méthode expérimentale ; son exposition n'est qu'une description détaillée du *Cosmos* animé et vivant, de la *Vie universelle.* En un mot, l'auteur de ce système appuie la métaphysique sur les conditions de la *sensibilité,* c'est-à-dire d'une expérience possible de ses objets, au lieu de la baser, comme les philosophes, uniquement sur des concepts rationnels dont on ne peut affirmer aucune réalité objective.

Dans ce système, les trois unités métaphysiques, *Dieu, l'âme, la molécule élémentaire,* sont substantielles et dans l'espace ; elles ont chacune une intériorité, un moi qui constitue leur nature propre, et une extériorité, un être phénoménal qui les rend perceptibles aux sens, quand les sens sont capables de les percevoir. Nos sens, n'ayant pas cette capacité, nous ne pouvons les connaître comme extériorités que par les représentations de l'imagination et d'après les descriptions qu'on nous en fait. Voici la description que fait l'Esprit de l'extériorité ou de l'aspect phénoménal de Dieu comme objet des sens.

« Là, après une courte station, je me trouve en présence de la » grande unité motrice de tout. En présence, veux-je dire, de ce que » mon esprit peut en voir ; car, cette unité est si incommensurable » que, malgré que je puisse en embrasser une fraction immense par » elle-même, la fraction n'est rien à côté de l'infinie grandeur de cette » unité. J'en vois assez, cependant, pour m'en former, en quelque » sorte, une idée. Figurez-vous l'atmosphère la plus riche, la plus

» pure, la plus brillante, la plus lumineuse, étincelant de l'éclat de » toutes les beautés imaginables. Ajontez que c'est le grand foyer qui » alimente tous les soleils centraux et tous les mondes qui animent son » grand omnivers, qui composent son immense parterre. Eh bien! » c'est, là, que se trouve la source éternelle qui n'a jamais besoin de » se renouveler, et bien moins encore de se transformer. Elle fait se » renouveler tout, se transformer tout, constamment et sans cesse. » Mais ce grand principe infini, intelligent est perpétuellement en tra- » vail d'amour, dans ses quatre points cardinaux, pour faire avancer » tous ses enfants et progresser ce qui les alimente. Il faut, pour cela, » qu'il préside partout par sa grande volonté, exécutée par ses grands » messagers. Voilà pourquoi il est l'éternité de perfection, voilà pour- » quoi, n'ayant jamais besoin de se transformer, il n'a jamais eu de » commencement et n'aura jamais de fin.

» C'est la plus grande des vérités, en effet, que toutes les unités des » mondes, depuis la plus petite jusqu'à la plus grande, qui servent d'a- » liment pour les intelligences, sont obligées, en se transformant, et » en faisant leur ascension, en particulier ou isolées, d'être en léthar- » gie, et, réunies en corps fraternel, comme quand une planète fait son » ascension, de se trouver dans l'extase de bonheur lumineux, ravies » qu'elles sont dans l'ivresse de la satisfaction et de l'amour. Elles ont » fait, alors, alliance complète avec le fluide divin, et, fusionnées, vont » être absorbées, impérissables et distinctes, toujours, par ce fluide lui- » même. Mais, le Père infini des pères se trouve de toute éternité et se » trouvera à jamais, dans une atmosphère sans limite, d'une transpa- » rence impossible à décrire. Une seule chose pourrait donner de lui » une légère idée, et cette image, même, n'est rien en face de la réa- » lité. Figurez-vous un immense diamant de la plus belle eau, sans » extrémités en aucun sens, de toute part entouré d'un indéfinissable » lointain, teinté brillamment des quatre couleurs principales des » mondes spirituels, et les reflétant sur tout le parterre de ses mondes, » à la clarté d'un soleil d'amour, aux dimensions incompréhensibles : » voilà notre père à tous ; voilà celui qui a le privilége, sans se trans- » former, sans se renouveler, d'être toujours lui-même, ayant les attri- » buts de tous les mondes qui s'élèvent sur les chars progressifs, pour » faire leur ascension, au souffle du zéphir qui leur procure la faveur » de s'absorber dans l'extase de bonheur lumineux. Jugez, si celui qui, » par sa propre volonté, octroie cette ivresse de bonheur et de félicité » à toutes les âmes qui ont écouté sa voix et suivi ses sentiers, ne doit » pas, dans sa grande âme, posséder ce privilége au plus haut degré, » d'une manière infinie, et jouir du bonheur ineffable d'être perpé- » tuellement dans cet état de ravissement, sans la faiblesse de l'extase.

» Oh! je vois maintenant des choses si attrayantes, si brillantes de

» vérité, que je me sens nager dans un océan d'amour lumineux, in-
» telligent et sans limites. Il est mieux de m'arrêter. Ma langue est
» trop courte pour dire dignement tout cela. Pour le dire, en effet, il
» faut être sûre de le rendre d'une manière juste et fidèle. Ne pas le
» rendre ainsi, ce serait offenser Dieu ; et, comme ce serait pour nous
» un chagrin éternel, nous devons nous arrêter et ne pas nous exposer
» à un pareil regret. Réservons cette satisfaction à celui qui viendra
» après moi! (1) A cette époque, la langue universelle se prêtera à
» rendre cette infinie richesse de production amoureuse. Oh! oui, cela
» arrivera, il faut que cela arrive. C'est la volonté de celui qui a semé
» la graine planétaire; il est par conséquent sûr du succès, malgré le
» grand crible qui s'y oppose. Or, tout en s'y opposant, ce grand crible
» du mal lui rend service encore. » *(Clé de la Vie.)*

Voilà un Dieu qui diffère assez de celui de Hégel. Le Dieu de Hégel se dégage péniblement du sein de la nature, pousse comme un champignon par un mouvement de *thèse, antithèse, synthèse,* et parvient à l'état *d'Esprit absolu,* dans la tête des humains. Digne ciel d'un tel Dieu !

La profondeur de l'analyse et l'immensité de la synthèse qui caractérisent le système de Michel de Figanières, impliquent des facultés cognitives hors de toute proportion avec les nôtres, et, par conséquent, nous nous trouvons sans moyens rigoureux de vérification. Néanmoins cette vérification peut avoir lieu dans une suffisante mesure, en acceptant le système à titre d'hypothèse, et en jugeant l'hypothèse : 1° au point de vue rationnel, c'est-à-dire quant à la possibilité et à la rationalité de l'ensemble de son économie; 2° au point de vue moral, c'est-à-dire quant à sa valeur comme ordre moral; 3° au point de vue expérimental, pour les parties qui tombent sous nos moyens d'expériences. Je ne suis pas à même de le juger au point de vue expérimental, mais il a mon entière adhésion comme ordre rationnel et comme ordre moral; je ne puis comprendre autrement le *Cosmos* vivant.

Dans la métaphysique actuelle, la matière et l'esprit sont conçus comme des substances absolument hétérogènes et ne pou-

(1) Dans le système de cet Esprit, les révélations ne sont pas des faits accidentels ou exceptionnels, elles sont l'expression d'une loi universelle qui s'applique aux humanités de tous les globes. Il y en a trois pour la vie de chaque humanité, et chacune est le germe d'une civilisation supérieure à la précédente. Pour l'humanité terrestre, celle du Christ serait la première, celle-ci serait la deuxième, et il en surviendrait une troisième dans un avenir éloigné.

vant avoir rien de commun entre elles. Dès lors, entre Dieu et le monde, d'une part, et l'âme et la matière, d'une autre part, deux abîmes que rien ne peut plus combler ; on ne peut plus ni comprendre ni expliquer les rapports de Dieu avec le monde, ni les rapports de l'âme avec la matière ; les esprits logiques sont obligés de les nier, parce que ces rapports ne sont plus pour la raison qu'une absurdité, une impossibilité. De là à nier Dieu et l'âme, dont on ne peut avoir d'ailleurs aucune connaissance empirique comme purs esprits, la pente est irrésistible.

Leibnitz renonçant à l'atomisme, impuissant à expliquer le sfaits de la nature, conçut la molécule élémentaire comme une *force vive;* de là, dans la philosophie de la nature, le dynamisme subtitué au mécanisme. Mais la notion de force est elle-même radicalement insuffisante à expliquer les rapports de l'âme à la matière, du moral au physique, dans l'homme. En effet, les notions d'esprit et de forces expriment des natures si différentes et si inconciliables qu'il est impossible de comprendre comment un esprit et des forces peuvent s'influencer réciproquement, se lier d'une manière intime et constituer une synergie vivante dans l'homme.

Dans le système de Michel de Figanières, la molécule élémentaire, au lieu d'être simplement une force est une âme, une *animule* de même substance que l'âme humaine (dans le néologisme de ce système, l'âme humaine est une *étincelle* du fluide divin, et l'*animule* est une *scintellicule* du même fluide. Ce néologisme emploie aussi les mots d'*hominicules* et de *globules* pour désigner les représentations des hommes et des globes dans l'ordre de l'infiniment petit). L'âme et l'animule n'en diffèrent pas moins profondément comme valeur essentielle, et une réunion quelconque d'animules ne saurait jamais constituer une âme humaine ; ce sont deux unités primordiales, deux absolus dans leur ordre (1). C'est donc substituer, dans la philosophie de la nature, l'*animisme* au *dynamisme* de Leibnitz, et par là même c'est combler l'abîme qui sépare la matière et l'esprit dans la métaphysique actuelle. Dès-lors il n'y a plus d'absurdité à admettre que l'âme et la matière s'influencent réciproquement, s'unissent dans une synthèse organique et intime, et qu'il y ait action et réaction du physique au moral. Aussi, dans la partie de ce système intitulée : *Anatomie*

(1) La question de l'infiniment petit et de l'infiniment grand n'est pas traitée avec précision dans le système.

de la vie, on décrit et on explique d'une manière très détaillée le siége de l'âme et l'acte de la pensée dans le cerveau, les organismes matériels de nos facultés intellectuelles dans le même cerveau et leur jeu dans la vie intellectuelle, les cinq sens et la manière dont s'opère la perception externe, — perception qui est encore un problème insoluble pour la philosophie actuelle, — la nature et la destination de chaque organe du corps, enfin la vie du tout sous la direction de l'âme.

La proposition matérialiste, *le cerveau secrète la pensée*, est de toute vérité ; mais il faut y ajouter qu'il la secrète sous l'influence et la direction de l'âme. Le cerveau secrète la pensée, mais c'est l'âme qui pense.

Dans ce système les idées ont une expression plastique dans le cerveau, et le mouvement des idées est représenté par un mouvement réel de molécules réelles dans le cerveau. De sorte que Malebranche était dans le vrai en réalisant les idées comme des *petits êtres ;* son tort était de les voir en Dieu au lieu de les voir dans sa tête. Voici un passage de *la Clé de la vie* qui se rattache à ce sujet :

DES RAPPORTS DES HOMMES ENTRE EUX

« Nous vivons dans l'atmosphère, au milieu d'un monde d'infini-
» ment petits, en relation, cependant, avec nos semblables, le monde
» de notre nature. Ce dernier, vous le connaissez, déjà ; mais, c'est
» l'autre qu'il est important de connaître.

» Je veux dire le corps fluidique de l'âme où vivent, sur leurs mon-
» dicules, avec l'essence des règnes, les hominicules fluidiques lumi-
» neux infiniment petits, acteurs indispensables, dans le jeu des cinq
» sens. Ce corps fluidique lumineux puise dans l'atmosphère par ce
» qu'il voit, par ce qu'il entend, par ce qu'il touche, par ce qu'il goûte
» et par ce qu'il sent. Tout va par cet intermédiaire se refléter à l'âme
» qui approuve ou désapprouve, garde ou rejette, se servant pour cela
» des hominicules messagers réflecteurs, percevant tout par les trans-
» missions de leurs semblables. Le corps fluidique s'alimente, ainsi, de
» toutes les richesses intellectuelles qui se trouvent dans le grand livre
» fluidique atmosphérique.

» Par cette voie, les hommes se communiquent ce qu'ils savent. Or,
» l'éducation des enfants se fait par les hommes instruits, enseignant
» au moyen de leur corps fluidique. De sorte que les corps fluidiques,

» seuls, des deux âmes sont en rapport par l'intermédiaire du monde » infiniment petit.

» Les sauvages, en rapport seulement avec des sauvages comme eux, » pourvus de corps fluidiques très stériles encore, ne peuvent s'ins- » truire, n'ayant à leur service que des messagers de leur nature » sauvage. Dès qu'il s'en trouve quelqu'un parmi eux dont l'âme est » instruite, ils ont à leur service des messagers instruits, allant corres- » pondre au foyer de ceux qui désirent s'instruire. Ces derniers acquiè- » rent de l'instruction par ces rapports lumineux. Aussi, l'homme qui » n'aura jamais entendu parler, ne pourra pas parler. Il aura tous les » éléments et tous les matériaux des quatre règnes et leur essence ani- » mée dans le cerveau, mais, cette essence, cette âme sera incapable » d'en profiter, parce qu'elle manquera de connaissances préalables » pour mettre en mouvement les ressorts essentiels.

» Ainsi, l'homme, petit omnivers, possède, en miniature, tout ce » qui existe en grand dans l'atmosphère, puisqu'il correspond par son » cordon jusqu'à Dieu, quand il se trouve dans la vraie voie ascen- » dante. Il peut, donc, par le reflet et l'intermédiaire du mond infini- » ment petit, avoir, en quelque sorte, un répertoire infini comme celui » de la source d'où il émane.

» On a cherché exclusivement, jusqu'ici, à avoir des notions des » mondes infiniment grands. On doit commencer à comprendre, par » ce qui précède, qu'on eût mieux fait, pour prendre la vraie route » qui mène aux connaissances naturelles, d'étudier le monde infini- » ment petit. »

Ce système justifie aussi dans un certain sens, la théorie de Platon sur la réalité des idées des types dans le monde intelligible. Supposez toutes les machines à vapeur qui existent sur la terre détruites de manière à ce qu'il ne reste plus aucun modèle matériel. Le type idéal de ces machines existe encore dans la tête des savants, à tel point qu'ils pourront reproduire immédiatement les machines matérielles. Mais le groupe d'idées qui constitue l'idéal de la machine à vapeur a une réalité plastique et organique dans l'organe mémorial de ces savants ; à ce titre il est donc une réalité positive. Quant aux types organiques de la nature, — qu'il ne faut pas confondre avec les idées générales *d'espèces* et de *genres*, — ils n'ont à la vérité aucune réalité dans l'esprit humain, par la raison qu'il n'en possède pas le type idéal, et que l'homme est impuissant à les reproduire s'ils viennent à disparaître matériellement; mais l'Esprit ou les Esprits supérieurs qui les ont produits à un moment donné en avaient le type idéal et doivent en conserver le type idéal, et comme l'idée, chez ces esprits comme chez nous, est organique et plastique, c'est-à-dire une réalité, il en résulte que l'existence réelle des types dans le monde intelligible est une vérité, que les types sont les essences idéales, mais réelles des êtres. En un mot les idées sont substantielles dans chaque *Esprit*, et leur union organique avec l'âme constitue l'*Esprit* lui-même.

Platon sera encore dans le vrai, si par l'existence réelle des idées des types organiques dans un monde intelligible, il entend l'existence réelle de ces types dans un monde supérieur et parfait. Dans le système de Michel de Figanières, les mondes sont de neuf natures, et chacune de ces neuf natures marque un degré supérieur de perfection sur la nature immédiatement inférieure. Les mondes des natures supérieures sont fluidiques. Le règne minéral, le règne végétal, le règne animal et l'humanité existent dans ces divers mondes avec un degré de perfection et dans un état physique correspondant à la nature du monde. Les règnes inférieurs, — le minéral, le végétal et l'animal, — s'élèvent jusqu'aux mondes de la huitième nature, l'humanité seule passe jusqu'à la neuvième. La Terre est un monde de la première nature, c'est-à-dire de la nature la plus inférieure. L'homme de la Terre, dans son état présent, est qualifié par l'Esprit, auteur du système, d'*humanimal* (mot flatteur qui en langage libre peut être traduit par celui de *brute*). On peut donc admettre, avec Platon, que tous les types, y compris même celui de l'homme, existent à l'état de perfection dans les mondes les plus élevés, dans ceux qui sont les plus rapprochés de Dieu.

Platon a encore raison d'appeler Dieu *l'Idée* réelle et vivante du bien. Quel rapprochement entre le Dieu de ce système et le Dieu de Platon ! Voici un passage de *la République* de Platon :

« Aux dernières limites du monde intellectuel est l'idée du
» bien que l'on aperçoit avec peine, mais que l'on ne peut aper-
» cevoir sans conclure qu'elle est la cause de tout ce qu'il y a de
» beau et de bon, que dans le monde visible elle produit la lu-
» mière et l'astre de qui elle vient directement ; que dans le monde
» invisible, c'est elle qui produit directement la vérité et l'intelli-
» gence. »

Voici quelle est, dans ce système, l'unité organique et vivante du *Tout:*

La substance universelle comprend trois unités, qui sont Dieu des molécules élémentaires et de leurs combinaisons organiques constitue la nature matérielle infinie ; l'infinité des esprits isolés ou fusionnés en âmes collectives de globes constitue le monde spirituel infini; Dieu est unique et également infini. Dieu est l'âme de l'univers, il est à l'univers ce que l'âme humaine est au corps. Uni à l'univers, Dieu constitue le *grand homme infini*. Dieu pense et agit au moyen d'esprits purs, comme l'homme pense et agit au moyen d'esprits infinitésimaux purs. Dieu ne pourrait pas plus penser et agir sans le moyen des esprits purs, que l'âme ne pourrait penser et agir sans le moyen des esprits infinitésimaux purs. L'univers est un organisme *un*, animé et intellectuellement dirigé dans toutes ses parties. Il comprend d'immenses organes dont les globes astronomiques des diverses natures ne sont que les molécules, organes analogues, sauf les différences nécessaires, à ceux de l'homme. De sorte que cette expression : « l'homme est fait à l'image de Dieu, » et cette autre expression: « nous sommes en Dieu, nous vivons en Dieu et nous nous mouvons en Dieu » sont de toute vérité. La pensée de Dieu s'exprime par une effluve d'esprits purs, agents de sa volonté, qui parcourent l'organisme universel et réalisent plastiquement cette pensée dans l'univers. La pensée de Dieu est absolue, elle est aussi bien nécessité que liberté. Dieu est l'aimant du *Tout*.

Je crois que si M. Vacherot prenait connaissance de ce système et le méditait profondément, il renoncerait peut-être à considérer Dieu comme l'*Idée du Monde*, et le *Monde* comme la *Réalité* de Dieu, ce qui est la conclusion dogmatique de son remarquable livre intitulé *La Métaphysique et la Science*. Dans sa préface il dit : « l'esprit de ce livre est tout entier dans le titre : métaphysique positive. » J'en dis autant de l'esprit de l'œuvre de Michel de Figanières.

Ce système donne une explication de l'origine de la Terre et de ses types organiques. J'ignore si la science se trouvera jamais en mesure de la confirmer ou de la démentir d'une manière certaine ; mais cette explication a une grande valeur philosophique en ce sens que la terre et ses types organiques, au lieu d'être le simple résultat d'un accident cosmique comme le suppose la science, ou le résultat d'un acte spécial de Dieu comme l'affirme la théologie, serait le résultat d'une loi fondamentale de la vie universelle, loi dont le système expose tout le fonctionnement.

Un caractère remarquable et profond de ce système, c'est qu'il opère l'identité de la science du Cosmos, de la philosophie et de la religion ; dans toutes ses parties il est toujours les trois choses, et autant l'une que l'autre chose.

Un autre caractère également remarquable et profond de ce système, c'est que la division naturelle et organique de la matière s'opère dans l'infiniment petit comme dans l'infiniment grand suivant le système astronomique, c'est-à-dire que le microscope, s'il était assez puissant, découvrirait une astronomie des infiniments petits, comme le télescope a découvert l'astronomie des grands corps. Ce fait est en concordance avec la nécessité où se trouvent les physiciens modernes d'admettre l'hypothèse d'un espace et d'une action à distance entre les molécules pour expliquer le dynamisme chimique. Voici en quels termes M. Cournot constate cette nécessité dans son livre intitulé : *Essai sur les fondements de nos connaissances.*

« Remarquons en effet que dans l'hypothèse à laquelle les physiciens modernes sont conduits, celle d'atomes maintenus à distance les uns des autres, et même à des distances qui (bien qu'inappréciables pour nous à cause de leur extrême petitesse) sont pourtant très grandes par comparaison avec les dimensions des atomes ou des corps élémentaires, rien n'oblige à concevoir ces atomes comme de petits corps durs ou solides, plutôt que comme de petites masses molles, flexibles ou liquides. Dans les corps qui tombent sous nos sens, la solidité et la rigidité, sont autant de phénomènes très dérivés et très complexes, que nous tâchons d'expliquer de notre mieux, à l'aide d'hypothèses sur la loi des forces qui maintiennent les molécules élémentaires à distance, et sur l'étendue de leur sphère d'activité, comparée au nombre de molécules comprises dans cette sphère et aux distances qui les séparent : mais, que ces explications soient ou non satisfaisantes, il est incontestable qu'elles ne peuvent rien préjuger sur l'état de dureté ou de mollesse, de solidité ou de fluidité de la molécule élémentaire. »

. . . .

« Ces molécules sont des centres d'où émanent des forces attractives et répulsives, voilà ce que l'expérience et le raisonnement semblent indiquer d'une manière certaine ; mais qu'elles aient la forme de sphères, d'ellipsoïdes, de pyramides, de cubes, ou qu'elles affectent toute autre figure courbe ou polyédrique, c'est ce qu'aucune observation ne peut nous apprendre, ni même nous faire présumer. »

Le système de Michel de Figanières présente une grande diffi-
l'âme humaine et l'animule ou molécule élémentaire. L'infinité

culté que l'auteur néglige d'envisager : c'est celle de comprendre l'unité organique et vivante de Dieu et du monde, Dieu et le monde étant respectivement infinis dans l'espace. Les deux infinités pourraient cependant être admises et conciliées dans le sens suivant :

Supposez une capacité quelconque remplie de corps ronds : le volume de l'ensemble de ces corps donnera lieu à une masse continue par le contact des corps ronds et en même temps à un vide également continu entre ces corps ronds, à tel point que si l'on remplit la capacité d'eau, cette eau baignera chaque corps rond. Si la capacité s'étendait à l'infini, l'eau et les corps ronds s'étendraient et se trouveraient en contact également à l'infini. Cet exemple fait comprendre que Dieu et le monde peuvent être l'un et l'autre substantiellement infinis dans l'espace, je ne dis pas de la façon dont cet exemple montre l'infinité possible de deux substances, mais d'une manière plus ou moins analogue. Si l'on considère que Dieu est le parfait absolu et que dès lors son acte est nécessaire et parfait en tout lieu où se trouve son unité substantielle, on peut admettre et comprendre qu'il soit le centre organique infini d'un monde infini et qu'il constitue avec lui un organisme vivant infini.

Ce court aperçu de l'œuvre de Michel de Figanières n'est pas fait sous la forme d'un résumé, mais bien sous la forme d'une étude comparative de son système et de la philosophie de l'esprit humain. Je me suis attaché à faire ressortir et à mettre en lumière les solutions des problèmes métaphysiques qu'il ne contient qu'en principe et pour ainsi dire d'une manière cachée, car ces problèmes n'y sont ni posés ni traités. A ce titre, cet aperçu pourra être de quelque utilité à ceux qui voudraient faire une étude sérieuse du système de Michel de Figanières.

Les ouvrages faits par Michel de Figanières ou sous sa direction sont : 1° *la Clé de la Vie*, 2° *la Vie universelle*, 3° *le Réveil des Peuples*, 4° *Résurrection*. *La Clé de la Vie* a paru en 1858. Ce livre contient déjà tout le système.

www.ingramcontent.com/pod-product-compliance
Ingram Content Group UK Ltd.
Pitfield, Milton Keynes, MK11 3LW, UK
UKHW020956220726
13924UKWH00002B/721

9 782019 946098